POLICE MUNICIPALE ET RURALE

VADE-MECUM

A L'USAGE DES

Agents de police
Gardiens de la paix, Inspecteurs de police
Appariteurs, Gardes champêtres, etc.

PAR

Louis SACAZE
Commissaire de police,

» Si Paris travaille et pense, si l'ingénieur
» peut s'absorber dans ses recherches, l'ar-
» tisan dans ses créations, le poète dans ses
» rêves; si la rue est paisible; si de fugitives
» effervescences sont aussitôt apaisées, cette
» tranquillité, cet ordre parfait, cette facilite
» de la vie, nous les leur devons.

» Waldeck-Rousseau ».

(Préface de l'histoire des gardiens de la paix.

BAGNÈRES-DE-BIGORRE
IMPRIMERIE PÉRÉ

POLICE MUNICIPALE ET RURALE

AVIS IMPORTANT

Toute demande de volume devra être faite à l'IMPRIMERIE PÉRÉ à BAGNERES-DE-BIGORRE, contre l'envoi de 0 fr 50 par exemplaire, frais de poste compris.

POLICE MUNICIPALE ET RURALE

VADE-MECUM

A L'USAGE DES

Agents de police
Gardiens de la paix, Inspecteurs de police
Appariteurs, Gardes champêtres, etc.

PAR

Louis SACAZE
Commissaire de police,

» Si Paris travaille et pense, si l'ingénieur
» peut s'absorber dans ses recherches, l'ar-
» tisan dans ses créations, le poète dans ses
» rêves ; si la rue est paisible ; si de fugitives
» effervescences sont aussitôt apaisées, cette
» tranquillité, cet ordre parfait, cette facilité
» de la vie, nous les leur devons.

» WALDECK-ROUSSEAU ».

(Préface de l'histoire des gardiens de la paix.

BAGNÈRES-DE-BIGORRE
IMPRIMERIE PÉRÉ

VADE-MECUM

AGENTS DE POLICE

On comprend sous cette dénomination les préposés de la police administrative ou de la police municipale, connus sous les titres différents d'appariteurs, sergents de ville, inspecteurs de police, etc., etc.

A Paris, le titre de sergent de ville a été, en 1870, remplacé par celui de gardiens de la paix publique.

Le choix et la nomination des agents de police appartiennent au Maire de chaque commune, sauf l'agrément du Sous-Préfet. Ils peuvent être suspendus par le Maire, mais le Préfet seul a le droit de les révoquer.

Si la compétence des gendarmes, des douaniers, etc., s'étend à tout le territoire national, celle des agents de police est beaucoup plus restreinte ; car, hors de leu localité, ils ne peuvent opérer que comme simples citoyens.

Conseils aux Agents

Un bon agent doit être dévoué, discret, exact, probe et de bonnes mœurs ; il doit s'efforcer de se rendre utile le plus possible dans l'intérêt du service. Affable et poli envers tout le monde, il se montrera ferme et énergique à l'occasion : la bonté n'exclut pas la fermeté.

Le libertinage, l'ivrognerie, la concussion, la paresse, qui dégradent l'homme, seront toujours des motifs de révocation.

S'il est véritablement sérieux, l'agent en imposera à l'intrigant, et commandera le respect à la classe ignorante et mal élevée ; il doit se respecter, s'il veut qu'on le respecte.

L'excès de zèle est en toutes choses un grand défaut ; l'apathie ne l'est pas moins. Ni trop interdire, ni trop tolérer, telle doit être sa ligne de conduite.

Un agent ne doit jamais agir à la légère ; il ne doit intervenir qu'à bon escient et ne prendre une détermination que lorsqu'il est certain d'avoir raison ; il ne doit pas se croire assez savant pour pouvoir se passer de conseils ; au contraire il devra souvent se renseigner auprès de son chef. Dans ses moments de loisir, l'agent lira le Code d'Instruction criminelle, le Code Pénal, les règlements et arrêtés administratifs ; il apprendra ainsi tout ce qu'il ne lui est pas permis d'ignorer.

L'agent ne saurait trop se pénétrer de l'importance de ses fonctions. Auxiliaire direct du Commissaire de police, il a, comme lui, entre les mains, tous les éléments de pouvoir nécessaires pour faire le bien et empêcher le mal. Aussi devra-il être toujours choisi parmi les hommes probes, désintéressés, discrets, actifs.

De quelle considération ne jouissent-ils pas alors parmi leurs concitoyens ceux qui, doués de ces qualités, n'ayant d'autre règle que leurs devoirs, mettent tous leurs soins à veiller à leur sûreté et à leur repos ; à protéger les bons, à sévir contre les mechants; à excuser l'étourderie ou l'irréflexion, à éclairer et ramener par de sages conseils une jeunesse quelquefois turbulente ou inconsidérée, et procurer ainsi le bonheur et la sécurité aux familles.

Devoirs des Agents

1° — *Envers leur chef.*

Une soumission toute disciplinaire, unie à un respect affectueux, forme la base de ces obligations ; ils doivent se montrer constamment exacts, prendre les instructions de leur chef même dans les plus petites circonstances ; lui rendre compte immédiatement par écrit ou verbalement de tout ce qui touche au service ; être discrets pour les notes et consignes communiquées ; ne jamais amplifier les renseignements recueillis ; leurs rapports doivent contenir la vérité complète, mais la vérité seulement ; ne jamais employer la voie anonyme, qui excite le mépris ; ils trouveront facilement accès et justice pour les réclamations fondées, faites ouvertement et avec convenance, mais ils doivent redouter les conséquences de toutes délations.

Les murmures, les signes d'improbation à l'égard des supérieurs, sont incompatibles avec un bon service.

2° — *Envers le public.*

Les agents doivent au public bienveillance et fermeté; politesse, toujours; faiblesse, jamais : convaincre d'abord par la persuasion, réprimer ensuite. L'agent qui n'emploie ni les jurements, ni les termes grossiers, ni les formes acerbes, et qui se montre toujours calme et maître de lui, conserve un avantage immense sur la personne à laquelle il s'adresse. Eviter toute plaisanterie et toute inconvenance qui amène des représailles; se garder d'actes oppressifs; ne pas porter la main sur ceux dont l'évasion n'est ni probable ni importante; ne jamais frapper même les plus grands coupables; enfin, les agents ne doivent faire sentir la force dont ils sont dépositaires que pour réprimer les rébellions inexcusables.

Devoirs généraux

La Police est instituée pour maintenir l'ordre et la tranquillité publique, la liberté, la propriété, la sûreté individuelle. Son caractère principal est la vigilance ; la Société considérée en masse est l'objet de sa sollicitude. Où commence l'action de la Justice, celle de la Police s'arrête.

Le rôle des agents consiste à aider les Commissaires de police dans leurs doubles fonctions d'officiers de police administrative et de police judiciaire. Ils doivent avec une activité toujours soutenue, surveiller tous les individus capables de troubler l'ordre public et de porter atteinte aux personnes et aux propriétés. Ils rendent compte au Commissaire de police sous les ordres directs duquel ils sont placés, de tout ce qui peut intéresser le service.

Les objets sur lesquels les agents doivent exercer une surveillance constante et ininterrompue sont très nombreux ; aussi nous bornerons-nous à indiquer ceux sur lesquels leur attention doit le plus particulièrement et le plus fréquemment se porter.

Rappelons tout d'abord que leur premier devoir est de chercher à prévenir les crimes, délits et contraventions et que la police n'est appelée à réprimer que lorsqu'il ne lui a pas été possible de prévenir.

En matière de contravention principalement, ils devront toujours aviser tout particulier qu'ils verront sur le point de commettre une infraction, et ils ne la constateront que lorsque leurs avertissements seront demeurés sans résultat ou que la mauvaise volonté sera évidente.

Ils doivent mettre en pratique cette maxime, qu'il vaut mieux empêcher une faute que la laisser commettre pour la punir.

Il est en effet de leur devoir de prévenir la non exécution des lois et règlements par une action constante, par de fréquents avis, des conseils, des recommandations qui font de la police ce qu'elle doit réellement être : une police préventive.

Une pénalité, pour si juste qu'elle soit, indispose et surexcite ; elle crée des inimitiés, des haines et obscurcit, en l'affaiblissant, le sens moral.

Cette police préventive qui assure l'observation des lois et règlements sans le secours d'une pénalité quelconque, amène les populations à les respecter; elle fait aimer l'agent qui les applique en en prévenant les manquements; elle est, incontestablement, le plus sûr garant de l'ordre public.

Pour concourir au maintien de la santé publique ou prévenir tout ce qui peut y porter atteinte, les agents doivent veiller à ce que la propreté soit constamment entretenue sur la voie publique; à ce que le balayage et l'arrosage soient faits régulièrement; à ce que les ordures ménagères ne soient pas déposées sur la rue; à ce que la salubrité de l'air ne soit par corrompue par des amas de fumier ou immondices dans les rues, places, promenades, quais ni même dans les cours des maisons particulières.

Ils veillent à ce que des aliments gâtés ou corrompus ne soient pas exposés en vente, à ce qu'il n'y ait point chez les débitants de liquides, des boissons falsifiées et nuisibles.

Ils surveillent et s'assurent que les individus qui viennent vendre des médicaments et drogues sont munis des diplômes nécessaires et en règle avec les lois.

Ils veillent à ce qu'aucun établissement insalubre ne soit formé illicitement.

Pour concourir au maintien de l'ordre public, les agents doivent exercer une surveillance particulière sur les aubergistes, hôteliers, logeurs; ils vérifient si leur registre est bien tenu; si les noms des voyageurs logés chez eux y sont inscrits, jour par jour, et avec exactitude; si les voyageurs sont munis de pièces en règle. Ils surveillent également les cafetiers et aubergistes et s'assurent que leurs établissements sont fermés aux heures fixées par les règlements; s'ils tiennent ou tolèrent des jeux d'argent; si les lois et règlements tendant à réprimer l'ivresse publique et à combattre les progrès de l'alcoolisme, y sont affichés et observés.

Ils exercent une surveillance active sur les marchés afin d'y maintenir l'ordre et de s'assurer que les denrées exposées en vente sont de bonne qualité; ils veillent à ce que les revendeurs n'y paraissent qu'aux heures fixées par les règlements; que toutes les marchandises destinées à la vente soient portées au marché; que les marchands ne se servent que de poids et mesures autorisés par les lois; enfin qu'il ne s'y commette ni accaparement, ni vols, ni escroqueries.

Ils exercent aussi leur surveillance dans les foires, particulièrement sur les saltimbanques, baladins, chanteurs, etc., et se font représenter leur patente, leur carnet anthropométrique ou leur récépissé de déclaration. Ils interdisent les jeux de hasard et procèdent à la saisie des appareils ou instruments.

Aux spectacles, ils doivent se convaincre qu'ils ne sont pas envoyés dans ces établissements pour participer aux divertissements, mais pour y maintenir le bon ordre, en expulsant ceux qui chercheraient à le troubler.

Pour concourir au maintien de la sûreté publique, les agents ne doivent pas perdre de vue les mendiants valides, les vagabonds et gens sans aveu, ceux surpris en flagrant délit doivent être mis à la disposition du Commissaire de police ; ils doivent empêcher les mendiants invalides de se répandre dans la ville et d'y séjourner, de même que les nomades ; ils vérifient dans tous les cas, leurs pièces d'identité.

Ils doivent veiller à ce que les automobiles, cycles, voitures, marchent à une vitesse modérée dans la traversée des villes ; ils conduiront au Commissariat les personnes qui par imprudence blesseraient quelqu'un.

Ils veillent à ce que rien ne soit exposé sur les fenêtres et balcons qui pourrait par sa chute occasionner un accident ; à ce que rien ne soit jeté dans les rues qui puisse blesser ou incommoder les passants ; à ce que les tapis ne soient pas secoués. Ils doivent veiller à ce qu'on ne laisse rien séjourner sur la voie publique qui soit de nature à entraver la circulation ou diminuer la commodité du passage, comme charrettes, chariots, décombres, et obligent les entrepreneurs à éclairer pendant la nuit les dépôts de matériaux ou excavations autorisés et faits avec nécessité ; dans leurs tournées de nuit ils surveillent l'éclairage et signalent au Commissaire de police les défectuosités constatées ; pendant l'hiver, ils font mettre en tas les neiges et casser la glace.

Les agents, pour le maintien de la tranquillité publique, doivent, dans leurs rondes, veiller à ce qu'il ne se fasse aucun attroupement tumultueux ; qu'il n'y ait, soit de jour, soit de nuit, aucune dispute, rixe ni querelle sur la voie publique et dans les lieux publics ; qu'on n'y profère aucun cri, qu'on n'y fasse entendre aucun chant.

Les agents ont aussi pour devoir de surveiller les débitants de toutes espèces de marchandises ; ils doivent s'assurer qu'ils n'emploient que des poids et des mesures autorisés par la loi; les boulangers et les bouchers doivent exciter particulièrement leur surveillance ; ils doivent en conséquence faire chez eux de fréquentes visites et s'assurer que les arrêtés municipaux sont observés ; ils ne devraient pas même borner là leur surveillance ; ils doivent à notre avis, alors surtout que des indices de fraude existent, saisir l'occasion où un acheteur sort de leur boutique pour le questionner sur le prix et faire peser en sa présence la marchandise qu'il emporte. Il va sans dire que dans le cas où un déficit serait constaté dans le poids, l'agent aurait à dresser rapport du délit.

Le commerce des brocanteurs devra aussi être étroitement surveillé ; la vérification fréquente du registre dont la tenue leur est imposée, permettra souvent de découvrir les auteurs de vols.

La surveillance des femmes publiques et des maisons de débauche devra être constante, et les agents ont le devoir de veiller tout particulièrement à ce qu'il ne soit pas porté atteinte aux mœurs.

Les personnes étrangères à la ville et celles appartenant à une autre nationalité ne devront pas échapper à leur attention ; ils rencontreront souvent parmi elles des individus signalés ou recherchés, des interdits de séjour, des déserteurs, des insoumis, etc.

On voit donc que le rôle de l'agent est singulièrement complexe. Sa surveillance ne s'étend pas seulement à l'ordre de la rue ; il concourt à assurer presque tous les services des villes « *et ce service, plus délicat encore que tous les autres, qu'on pourrait appeler le service des foules. C'est alors surtout qu'il lui faut déployer d'inépuisables ressources de patience et de fermeté ; car si nous trouvons excellent que son action s'exerce sur les autres, notre naturel indépendant s'étonne toujours qu'elle s'exerce sur nous. L'agent connaît ce travers et résoud les difficultés en se renfermant dans la consigne* » (WALDECK-ROUSSEAU).

A côté des devoirs que nous venons d'énumérer, il en est d'autres qui incombent aux agents, mais qu'il serait trop long de détailler; qu'ils n'oublient pas qu'étant les gardiens de l'ordre et de la sûreté publique, ils doivent tenir au courant leur chef des moindres faits qui parviendraient à leur connaissance.

Nous croyons utile cependant d'indiquer la conduite à tenir dans des cas divers. Les agents se rappelleront qu'ils ne doivent jamais arrêter l'auteur d'une contravention ; ils doivent se contenter de lui demander son état-civil. Dans le cas, d'ailleurs très rare, où le contrevenant refuserait de faire connaître son nom, ou si, n'étant pas connu et n'étant porteur d'aucune pièce établissant son identité, il paraissait avoir donné un faux nom et un faux domicile, l'agent devra l'inviter à l'accompagner au Commissariat pour y faire les justifications nécessaires.

Une arrestation est toujours une chose grave qu'il faut opérer seulement dans les cas où la loi le permet. D'ailleurs les arrestations opérées illégalement entraînent leurs auteurs à des poursuites. Le droit d'arrestation diffère selon qu'il y a ou non flagrant délit.

On sait qu'il y a flagrant délit : 1° lorsque le délit est en train de se commettre ou qu'il vient de se commettre ; 2° lorsque le prévenu est poursuivi par la clameur publique ou qu'il est trouvé porteur d'objets dérobés ou d'objets et instruments faisant présumer sa culpabilité, pourvu que ce soit dans un temps voisin du délit.

Est assimilé au cas de flagrant délit celui où un chef de maison requiert tout agent de l'autorité de se transporter chez lui relativement à un délit.

L'agent qui, dans ces cas, arrête un individu, doit le conduire immédiatement devant le Commissaire de Police et fournir un rapport détaillé des faits.

Hors le cas de flagrant délit, les arrestations ne peuvent être opérées par les dépositaires de la force publique que s'ils sont porteurs de mandats d'amener ou d'arrêt. Ces mandats sont délivrés par le juge d'instruction.

Dans le cas d'accident ou de suicide, l'agent doit prévenir immédiatement le Commissaire de Police et secourir le malade soit en s'adressant à un médecin, soit en le transportant dans une pharmacie; il maintient à la disposition de son chef l'auteur de l'accident. S'il y a mort certaine, l'agent doit empêcher le déplacement du cadavre, l'approche des curieux et le détournement d'aucun objet avant l'arrivée du magistrat. Si, au contraire, il reste le moindre doute sur la mort, l'agent doit d'abord prendre les mesures que l'humanité indique; il ne saurait partager le préjugé populaire qui arrête encore aujourd'hui quelques personnes qui hésitent à entreprendre les secours avant l'arrivée du magistrat ou en faisant des réserves absurdes.

Quand il y a fermeture de la porte d'une pièce où l'on présume qu'une personne s'est suicidée, l'agent doit la faire ouvrir, s'il y a certitude d'être utile ; il se fait assister d'un ou deux témoins, tout en ayant soin d'écarter les curieux ; quand l'urgence n'est pas démontrée, il doit attendre l'arrivée du fonctionnaire compétent.

Quant aux aliénés, il arrive presque toujours que celui auquel on parle avec douceur dans le sens même de sa folie, se laisse facilement conduire au Commissariat pour recevoir une destination ; on peut d'ailleurs prévenir le magistrat qui se transporte à domicile. Dans les cas exceptionnels où l'aliénation est furieuse, ou le malade étant armé peut frapper quelqu'un ou se frapper lui-même, le moyen qui réussit le mieux consiste à l'envelopper de couvertures pour lui ôter la liberté des mouvements.

S'il s'agit d'un incendie, l'agent avise le

poste de police, le poste des pompiers et informe immédiatement le Commissaire de Police, le Sous-Préfet, le Maire, le Procureur de la République. Tous les agents disponibles doivent se rendre sur les lieux où ils veillent à ce que l'eau soit fournie en abondance; ils organisent les chaînes et prennent toutes les mesures utiles dans l'intérêt de l'ordre, de la sûreté des individus et de la conservation des propriétés; mais la direction des secours et toutes mesures prises pour combattre l'incendie devront être laissées aux pompiers.

Nous avons déjà dit que l'auteur d'une contravention ne devait jamais être arrêté; cependant les personnes en état d'ivresse qui occasionnent des rassemblements, qui ont une tenue indécente ou qui profèrent des paroles injurieuses doivent être conduites au poste de police; mais elles n'y doivent être retenues que le temps nécessaire pour les rendre calmes et à la raison, un procès-verbal doit être ensuite dressé.

Avant de déposer un individu au violon,

l'agent doit le fouiller minutieusement et lui retirer tous les objets suspects et ceux qui pourraient lui servir à attenter à ses jours.

Comme nous l'avons déjà dit, dans tous les cas de crime flagrant, l'agent ne doit jamais hésiter à s'assurer de la personne du coupable.

Tous les délits n'entraînent pas nécessairement l'arrestation préventive; les agents doivent éviter d'arrêter un citoyen connu et domicilié, à moins que le fait qui lui est imputé ne présente un certain caractère de gravité; ainsi dans les cas de mendicité, vagabondage, infraction à un arrêté d'expulsion, outrage public à la pudeur, vol, rébellion, etc., l'arrestation doit être opérée; au contraire, s'il s'agit de délits peu graves, tels que l'ouverture d'un débit sans autorisation, la falsification de denrées, le colportage sans autorisation, l'apposition d'affiches non timbrées, etc., l'arrestation préventive des inculpés, s'ils sont connus et domiciliés, ne doit jamais avoir lieu.

Il n'existe pas de forme particulière pour la rédaction des rapports, mais ils doivent indiquer en toutes lettres la date, l'heure, le lieu de la contravention, les noms des rédacteurs, les nom, prénoms, lieu et date de naissance, profession et domicile du contrevenant et, s'il y a lieu, le nom de la personne civilement responsable ; la nature de la contravention et l'ordonnance qui l'a prévue. Il ne faut pas faire les rapports collectifs, à moins qu'il ne s'agisse du même fait commis au même lieu par plusieurs individus. Mais il faut éviter le grattage et les surcharges, qu'on peut remplacer par des renvois ou par l'approbation des mots rayés.

Un agent peut constater une contravention, mais tous ceux qui ont vu le fait sont appelés à le certifier par leur signature au rapport ; la loi n'impose aucune obligation de faire connaître à la partie que l'on constate une contravention à sa charge, mais ce n'est que dans le cas d'impossibilité que cette précaution peut être négligée. — Il suffit d'ailleurs de dénoncer le fait soit au contrevenant, soit à une personne qui le représente ; mais il convient de mentionner au rapport comment on a procédé à cet égard. L'agent doit se garder de promettre une indulgence, qu'il n'a d'ailleurs pas le pouvoir de pratiquer. Les rapports des contraventions doivent être transmis immédiatement au Commissaire de Police ; dans les communes où il n'en existe pas, ils sont adressés au maire.

Les agents de police n'étant pas assermentés, leurs rapports ne font pas foi jusqu'à preuve du contraire comme ceux des gardes champêtres ou gendarmes ; ils ne valent que comme renseignements.

Nous terminons en rappelant que l'agent doit tout son temps à son service ; que, pouvant être appelé à toute heure, il doit être toujours prêt à répondre au premier appel.

En relisant souvent ces instructions, les agents de police se pénétreront de leurs devoirs ; ils se souviendront qu'ils doivent toujours employer dans l'exercice de leurs fonctions les formes de la politesse et de l'urbanité ; qu'il leur est interdit de tourmenter des gens par d'injustes vexations qui seraient sévèrement réprimées aussitôt qu'elles parviendraient à la connaissance de l'autorité ; qu'ils doivent apporter dans toutes leurs opérations une délicatesse à toute épreuve ; qu'ils ont constamment à se mettre en garde contre les sollicitations et les offres qui pourraient leur être faites et résister à tous les moyens de séduction qu'on essayerait d'employer à leur égard pour les engager à transiger avec les contrevenants ; qu'ils doivent enfin rendre compte à leur chef direct de tout ce qu'ils ont pu remarquer de contraire à l'ordre, ou qui pourrait intéresser le service public, et éviter de compromettre leur responsabilité par l'exécution ou l'application de mesures qui n'auraient pas été ordonnées ou ne s'imposeraient pas.

En agissant ainsi, ils sont certains de mériter la confiance de leur chef, la bienveillance de l'autorité et de s'acquérir la considération publique et l'estime de leurs concitoyens ; — ils se rendront utiles à la Société et par cela même feront aimer et respecter le corps auquel ils appartiennent.

Gardes Champêtres

Les gardes champêtres, autrefois connus sous les noms de messiers, gardes, sergents, gastiers, bannars, etc., ne peuvent être choisis, dit le décret du 20 messidor an III, que parmi les citoyens dont la probité, le zèle et le patriotisme sont généralement connus.

C'est qu'ils ont en effet une attribution sacrée, puisqu'ils sont les gardiens de la propriété rurale ; aussi, comme tous les agents de police, doivent-ils être toujours recrutés parmi les hommes sérieux, dévoués et actifs. — L'impartialité est la première qualité que doivent avoir les gardes et il importe au plus haut point qu'ils soient inaccessibles aux sollicitations comme aux menaces et aux tentatives de corruption dont ils pourraient être l'objet. Leur autorité est d'autant plus grande que leur impartialité est à l'abri de tout soupçon.

Nommés par le maire, ils doivent être agréés et commissionnés par le sous-préfet ; le maire peut les suspendre, mais seul, le Préfet a le droit de les révoquer.

Les gardes champêtres doivent être assermentés ; ce serment prêté devant le juge de paix du canton est ainsi conçu :

« Je jure de veiller à la conservation des
» propriétés qui sont sous la foi publique
» et de toutes celles dont la garde m'est
» confiée par mon acte de nomination ».

Les gardes champêtres sont au nombre des officiers de police chargés d'exercer la police judiciaire sous l'autorité des cours d'appel, mais ils ne sont pas auxiliaires du Procureur.

Leurs attributions sont définies par le Code d'instruction criminelle, notamment par l'article 16, ainsi conçu :

« Les gardes champêtres et les gardes forestiers, considérés comme officiers de police judiciaire, sont chargés de rechercher, chacun dans le territoire pour lequel ils auront été assermentés, les délits et les contraventions de police qui auront porté atteinte aux propriétés rurales ou forestières. Ils dresseront des procès-verbaux à l'effet de constater la nature, les circonstances, le temps, le lieu des délits et contraventions, ainsi que les preuves et les indices qu'il auront pu en recueillir. — Ils suivront les choses enlevées dans les lieux où elles auront été transportées, et les mettront en séquestre ; ils ne pourront néanmoins s'introduire dans les maisons, ateliers, cours adjacentes et enclos, si ce n'est en présence, soit du juge de paix, soit de son suppléant, soit du commissaire de police, soit du maire du lieu, soit de son adjoint ; et le procès-verbal qui devra en être dressé sera signé par celui en présence duquel il aura été fait. — Ils arrêteront et conduiront devant le juge de paix ou devant le maire tout individu qu'ils auront surpris en flagrant délit ou qui sera dénoncé par la clameur publique, lorsque ce délit emportera la peine d'emprisonnement ou une peine plus grave. — Ils se feront donner, pour cet effet, main-forte par le maire ou par l'adjoint du maire du lieu, qui ne pourra s'y refuser. »

La loi du 5 avril 1884, article 102, qui a étendu les pouvoirs des gardes champêtres, les charge de rechercher, chacun dans le territoire pour lequel il est assermenté, les contraventions aux règlements et arrêtés de police municipale. Ils ont en outre reçu de diverses lois spéciales le droit de verbaliser dans certains cas.

Les gardes champêtres sont tenus d'affirmer la sincérité de leurs procès-verbaux, qui font foi en justice jusqu'à preuve contraire, dans les 24 heures de la clôture de ces actes, soit devant le juge de paix ou son suppléant, soit devant le maire au l'adjoint. — Les délais de l'affirmation se comptent par heure et non par jour.

Les procès-verbaux sont assujettis à l'enregistrement, en débet, lorsqu'il n'y a pas de partie civile poursuivante.

Le délai pour l'enregistrement est de *quatre* jours; il n'est que de TROIS jours pour les procès-verbaux en matière de roulage.

Les procès-verbaux sont, lorsqu'il s'agit de simples contraventions, remis par eux, dans les trois jours au plus tard, y compris celui de la reconnaissance de la contravention qui y a donné lieu, au Commissaire de police de la commune, chef-lieu de la justice de paix, ou au maire dans les communes où il n'y a point de Commissaire de police; lorsqu'il s'agit d'un délit de nature à mériter une peine correctionnelle, ils sont remis au Procureur de la République *(Code d'Instruction criminelle, article 20)*.

Leur compétence, comme on le voit, est restreinte, puisqu'elle ne s'étend pas au delà du territoire pour lequel ils sont assermentés; ils ont pour insigne une plaque de métal ou d'étoffe où sont inscrits ces mots : *la loi*, le nom de la commune, et celui du garde; cet insigne est porté sur le bras.

CLASSIFICATION
DES
CONTRAVENTIONS, DÉLITS ET CRIMES

Contraventions

ABANDON DE BESTIAUX OU DE VOLAILLE. — Art. 12, titre II de la loi des 28 septembre, 6 octobre 1791 sur le Code rural.

ABEILLES. — Art. 17 de la loi du 21 juin 1898 sur le Code rural.

AFFICHES. — Loi du 29 juillet 1889 sur la presse, art. 15 et 17; art. 479, paragraphe 9 du Code pénal; troisième classe.

ARRÊTÉS (Infraction aux). Art. 471, n° 15 du Code pénal); première classe.

AUTOMOBILES. — Décret du 10 mars 1899, modifié par celui du 10 septembre 1901.

BAN DE VENDANGES. — Art. 475, n° 1; deuxième classe.

BROCANTEURS. — Délit ou contravention; loi du 15 février 1898.

BRUITS OU TAPAGE. — Art. 479 ; paragraphe 8 du Code pénal ; troisième classe.

COLPORTAGE. — Loi du 29 juillet 1881 sur la presse ; art. 18 et suivants.

CRI DES JOURNAUX, etc. — Loi du 19 mars 1889.

DIFFAMATION NON PUBLIQUE. — Art. 471, n° 11 du Code pénal ; première classe.

DIVAGATION D'ANIMAUX. — Art. 475, n° 7 du Code pénal ; deuxième classe.

DOMMAGES A LA PROPRIÉTÉ MOBILIÈRE D'AUTRUI. — Art. 479, n° 1 du Code pénal ; troisième classe.

ECHENILLAGE. — Arrêtés préfectoraux prévus par la loi du 21 juin 1898.

EMBARRAS DE LA VOIE PUBLIQUE. — Art. 471, n° 4 du Code pénal ; première classe.

ENFOUISSEMENT D'ANIMAUX. — Titre II, art. 13, lois des 28 septembre et 6 octobre 1791 sur le Code rural.

ECOULEMENT D'EAUX INSALUBRES. — Art. 471 n° 6 du Code Pénal ; première classe.

ETRANGERS (délit ou contravention). — Lois du 3 décembre 1849 et du 8 août 1893).

EXPOSITION D'OBJETS NUISIBLES. — Art. 471, n° 6 du Code pénal ; première classe.

EXPOSITION ET PORT DE DRAPEAUX. — Arrêtés préfectoraux.

FEUX ALLUMÉS DANS LES CHAMPS. — Art. 10 de la loi des 28 septembre et 6 octobre 1791.

FOURS, CHEMINÉES, RAMONAGES. — Art. 8, loi du 21 juin 1898 sur le Code Rural et art. 471, n° 1 du Code pénal ; première classe.

GLANAGE, GRAPPILLAGE. — Art. 471, paragraphe 10 du Code pénal ; première classe.

LOI GRAMONT. 2 juillet 1850.

HYGIÈNE PUBLIQUE. — Art. 28 de la loi du 15 février 1902 et article 471 du Code pénal ; première classe.

IVRESSE. — Loi du 23 janvier 1873.

JET D'IMMONDICES, PIERRES, etc. — Art. 471, paragraphe 12 du Code Pénal ; première classe. — Art. 475, paragraphe 8 du Code pénal ; deuxième classe.

MARAUDAGE. Art. 471. n° 9 du Code pénal ; première classe ; et art. 475, n° 15 du Code pénal, deuxième classe

PACAGE D'ANIMAUX. — Art. 479, paragraphe 10 du Code pénal ; troisième classe.

PASSAGE SUR LE TERRAIN D'AUTRUI. — Art. 471, paragraphe 13 et 14 du Code pénal ; première classe et art. 475, paragraphes 9 et 10 du Code pénal ; deuxième classe.

PIÈCES D'ARTIFICE. — Art. 471, paragraphe 2 du Code pénal ; première classe.

POIDS ET MESURES. — Art. 479 ; paragraphe 6 du Code Pénal ; troisième classe.

REGISTRES D'HOTEL. — Art. 475, paragraphe 2 du Code pénal ; deuxième classe.

ROULAGE. — Loi du 30 mai 1851 et décret du 10 août 1852.

VÉLOCIPÈDES (Plaques de contrôle). — Loi du 30 janvier 1907.

VIOLENCES LEGÈRES. — Art. 605 et 606 du Code du 3 brumaire an IV.

PRINCIPAUX CRIMES ET DÉLITS

ABUS DE CONFIANCE. — Art. 408 du Code pénal (crime ou délit).

ATTENTATS AUX MŒURS. — Art. 330 à 335 du Code pénal (crime ou délit).

ADULTÈRE. — Art. 336 à 339 du Code pénal (délit).

AVORTEMENT (crime). — Art. 317 du Code pénal.

BLESSURES ET COUPS VOLONTAIRES. — Art. 309 à 318 du Code pénal (crime ou délit).

HOMICIDE, BLESSURES ET COUPS INVOLONTAIRES. — Art. 319 et 320 du Code pénal (délit).

BRIS DE CLOTURE. — Art. 456 du Code pénal (délit).

CAFÉS ET DÉBITS. — Loi du 17 juillet 1880 (délit).

CARTES A JOUER. — Loi du 28 avril 1816 (délit).

CHASSE (délit). — Loi du 3 mai 1844 (modifiée).

CHEMINS DE FER (délit). — Loi du 15 juillet 1845.

DÉGRADATION DE MONUMENTS. — Art. 257 du Code pénal (délit).

DESTRUCTION D'INSTRUMENTS D'AGRICULTURE. (délit). — Art. 451 du Code pénal.

DIFFAMATION ET INJURES PUBLIQUES. — Loi du 29 juillet 1881 (délit).

ESCROQUERIE. — Art. 405 du Code pénal (délit).

EMPLOI D'ENFANT A LA MENDICITÉ. — Loi du 7 décembre 1874 (délit).

FAUX EN ÉCRITURES (crime). — Art. 147 et suivants du Code pénal.

FRAUDES. — Loi du 1er août 1905. (délit).

FAUX TÉMOIGNAGES (délit). — Art. 361 à 365 du Code pénal.

GARDE A VUE (délit). — Art. 26 de la loi des 28 septembre et 6 octobre 1791.

INCENDIE VOLONTAIRE (crime). — Art. 434 et suivants du Code pénal.

INFANTICIDE (crime). — Art. 295 et suivants du Code pénal.

JEUX (délit). — Art. 410 et 411 du Code pénal. — Loi du 15 juin 1907.

MENDICITÉ ET VAGABONDAGE (délit). — Art. 269 à 282 du Code pénal.

MEURTRES (crime). — Art. 295 et suivants du Code pénal.

OUTRAGES ET VIOLENCES (délit). — Art. 222 et suivants du Code pénal.

OUTRAGES AUX BONNES MŒURS (délit). — Lois du 2 août 1882 et 16 mars 1898.

PÊCHE (délit). — Lois des 15 avril 1829, 31 mai 1865 et décret du 1er septembre 1904.

POIDS ET MESURES (faux). — Loi du 1er août 1905.

PROTECTION DES ENFANTS (délit). — Lois du 24 juillet 1889 et du 19 avril 1898.

RÉBELLION (crime ou délit). Art. 209 et suivants du Code pénal.

RECEL (crime ou délit). — Art. 460 et 461 du Code pénal et loi du 22 mai 1915.

SALTIMBANQUES (délit). — Loi du 7 décembre 1874.

VAGABONDAGE ET MENDICITÉ (délit). — Art. 269 à 282 du Code pénal.

VÉHICULES (fuite) (délit). — Loi du 17 juillet 1908.

VOLS (crime ou délit). — Art. 379 à 401 du Code pénal.

FORMULE DE RAPPORT POUR FAIT D'IVRESSE PUBLIQUE ET MANIFESTE

L'an et le à heures
Nous agent de police à
Rapportons qu'à la susdite heure, passant rue nous avons rencontré un individu qui, étant en état d'ivresse manifeste, causait du scandale, criant et gesticulant.

Conformément à l'article 1I de la loi du 23 Janvier 1873, nous l'avons conduit au poste où nous l'avons laissé jusqu'à ce qu'il ait recouvré la raison, après lui avoir retiré ce qui pouvait nuire à sa sécurité.

Et ce même jour, à heure, en le mettant en liberté cet individu interpellé nous a déclaré se nommer ans, né le à fils de et de , être célibataire et exercer la profession de

En conséquence nous avons avisé qu'ayant contrevenu à l'article Ier de la loi du 23 Janvier 1873, nous rédigerions un rapport pour être pris à son égard telles mesures qu'il appartiendra.

Transmis à M. le Commissaire de Police.

L'agent :

FORMULE DE RAPPORT POUR FAIT DE TAPAGE NOCTURNE

Aujourd'hui mil à heures.

Nous et agents de police de

Rapportons que passant, rue avons rencontré les nommés et , qui, par manière de récréation, frappaient aux portes, tiraient les sonnettes, et chantaient de manière à troubler la tranquillité du quartier.

Les ayant abordés et reconnus, nous les avons sommés de se retirer, leur déclarant en outre que nous dresserions un rapport de la contravention au n° 8 de l'article 479 du Code Pénal qu'ils venaient de commettre.

Fait à , le

Les agents :

FORMULE DE RAPPORT CONSTATANT UN EMBARRAS DE LA VOIE PUBLIQUE

L'an et le à heures.

Nous agent de la police de

Rapportons que passant dans la rue nous avons aperçu une charrette non attelée qui y stationnait.

Sur la plaque nous y avons lu le nom de Nous nous disposions à faire conduire ce véhicule à la fourrière lorsqu'un individu s'est présenté à nous, déclarant en être le propriétaire et se nommer déclaration que nous avons reconnue exacte par l'examen des papiers qu'il nous a montrés.

Nous l'avons alors invité à enlever immédiatement la dite charrette, ce qu'il s'est empressé de faire, et l'avons prévenu qu'ayant contrevenu à l'article 471, n° 4 du Code Pénal, nous rédigerions contre lui un rapport à telles fins que de droit.

L'agent :

RÉBELLION

L'an et le
à heures.

Nous, agent de police de

Rapportons qu'étant de service au théâtre, nous avons reçu l'ordre de M. le Commissaire de police, de faire sortir un individu placé au parterre qui, par des sifflets, troublait la représentation.

Nous nous sommes rendu auprès de lui et l'avons invité à nous suivre, ce à quoi il s'est refusé; nous l'avons alors saisi, mais il nous a résisté violemment en nous donnant des coups de poing et en déchirant notre tunique.

L'agent étant survenu, nous avons pu conduire cet individu au poste de police où, interpellé, il a dit se nommer :

....

....

L'ayant fouillé, il a été trouvé porteur des objets suivants :

....

Après quoi, nous l'avons déposé au violon, à la disposition de M. le Commissaire de police, à qui nous transmettons le présent rapport.

Les

FILOUTERIE

L'an et le
à heures.

Nous, agent de police de

Rapportons que passant dans la rue
avons été requis par M. , hôtelier, de nous transporter dans son hôtel sis au n°
de la dite rue, à l'effet d'arrêter un inconnu qui, après s'être fait servir à dîner, avait déclaré ne pas avoir d'argent pour payer.

Nous y étant rendu, M. nous a désigné un individu qui se trouvait dans le salon sous la surveillance de deux garçons ; interpellé, cet homme nous a déclaré se nommer

....

Lui ayant demandé s'il était exact qu'il eût fait une dépense de francs, sachant qu'il ne pouvait la payer, cet individu nous a répondu affirmativement.

Nous l'avons alors conduit au bureau de police où, l'ayant fouillé, nous avons trouvé sur lui les objets suivants :

....

En conséquence, nous avons déposé cet homme au violon, à la disposition de M. le Commissaire de police, et avons dressé le présent rapport à telles fins que de droit.

L'agent :

MENDICITÉ

L'an le
à heures.

Nous agent de police de
Rapportons que passant rue
avons aperçu un individu paraissant valide, qui allait de porte en porte et demandait l'aumône.

Nous nous sommes approché de lui au moment où il venait de recevoir la charité d'une dame habitant la maison portant le n° de la dite rue.

Conduit au poste de police, cet individu nous a déclaré se nommer né
à le
etc, et a ajouté que n'ayant pas de travail, il s'était vu reduit à vivre de mendicité.

L'ayant fouillé, il a été trouvé sur lui les objets suivants :

....

....

Et attendu que le sus dit a été surpris en flagrant délit de mendicité, nous l'avons déposé au violon à la disposition de M. le Commissaire de police et avons dressé le présent rapport pour servir et valoir ce que de droit.

A les jour, mois et an que dessus.

L'agent :

FORMULE DE PROCÈS-VERBAL DE GARDE CHAMPÊTRE

L'an et le
à heures.

Nous garde champêtre de la commune de
faisant notre tournée, revêtu des insignes de nos fonctions, nous trouvant au lieu dit
avons constaté qu'un troupeau de moutons au nombre d'une quarantaine, appartenant au sieur
propriétaire à
paissait dans un regain de sainfoin appartenant à fermier à

Nous estimons le dommage à francs.

Interpellé, le berger du dit sieur
nous a déclaré se nommer
né à le

Nous l'avons avisé qu'ayant contrevenu à l'article 479, § 10 du Code pénal nous dressions procès verbal tant contre lui, que contre son patron
civilement responsable de la contravention.

Fait et clos à le
à heure et transmis à M. le Commissaire de police de
Ministère public près le Tribunal de simple police du canton.

Le Garde champêtre :

AFFIRMATION

Devant nous (juge de paix ou maire de) s'est présenté le sieur , garde champêtre de la commune de lequel nous a remis le procès verbal ci-dessus dont, après lecture, il a affirmé, sous la foi du serment, le contenu sincère et véritable.

Et le comparant a signé avec nous la présente affirmation, dont lecture lui a été également donnée.

Fait à le
à heure.

Le garde champêtre : Le juge de paix, ou le Maire :

ARGOT

L'argot est le langage généralement employé parmi les voleurs et les individus de la classe abjecte.

Nous donnons ci-après quelques mots très usités.

ABATTIS	membres.
ALARMISTE	chien de garde.
AQUIGER	frapp'r.
AUBERT	pièce de monnaie.
AUTOR	autorité.
BABILLARD	confesseur, livre.
BABILLARDE	lettre.
BARRE	aiguille.
BATTANT	cœur.
BATTOIR	main.
BÊCHEUR	ministère public.
BLANCHISSEUR ou LESSIVEUR ou MÉDECIN	avocat.
BOUILLANTE	soupe.
BOUSCAILLE	boue.
BRAISE	monnaie.
BRANDILLANTE	sonnette.
BRULÉ	être dénoncé.
CAB	chien.
CAMOUFLER	déguiser.
CHOURIN	couteau.
COGNE	gendarme.
CONSERVATOIRE	mont-de-piété.
CUISINIER	policier.
CURIEUX ou la ROUSSE	la police.

DÉBACLER	ouvrir.
DOMINOS	dents.
DURE	terre.
ESCOUTES	oreilles.
FRIT (être)	être condamné.
FRUSQUE	vêtement.
GOUPINER	voler.
HOPITAL	prison.
INCOMMODE (l')	réverbère.
JASPINER	parler.
JUGE DE PAIX	bâton.
LICHER	boire.
LIGOTTANTE	corde.
LUISANT	jour.
LUISANTE ou MOUCHARDE ou CAFARDE	lune.
LUISARD	soleil.
MAC	souteneur.
MIRETTE	œil.
MONTANT ou GRIMPANT	pantalon.
NOYAUX	écus.
OS (de l')	argent.
PÈZE	pièce de monnaie.
PIAU ou PIEU	lit.
PROFONDE	poche.
RACCOURCIR	guillotiner.
REFROIDIR	assassiner.
REDEVE ou RENDÈVE	rendez-vous.
ROND ou ROTIN	sou.
ROUSSIN	agent de police.
SIGLE	pièce d'or.
SORGUE	nuit.
SOURD (le)	le Procureur.
TIRE-JUS	mouchoir.
TOU	bijoux faux.
VEUVE	la guillotine.
ZIG	camarade.

EN VENTE :

Imprimerie PÉRÉ, Bagnères-de-Bigorre

www.ingramcontent.com/pod-product-compliance
Lightning Source LLC
LaVergne TN
LVHW010106230826
846091LV00005B/2113

* 9 7 8 2 0 1 3 3 8 4 7 6 6 *